Carol Pimentel

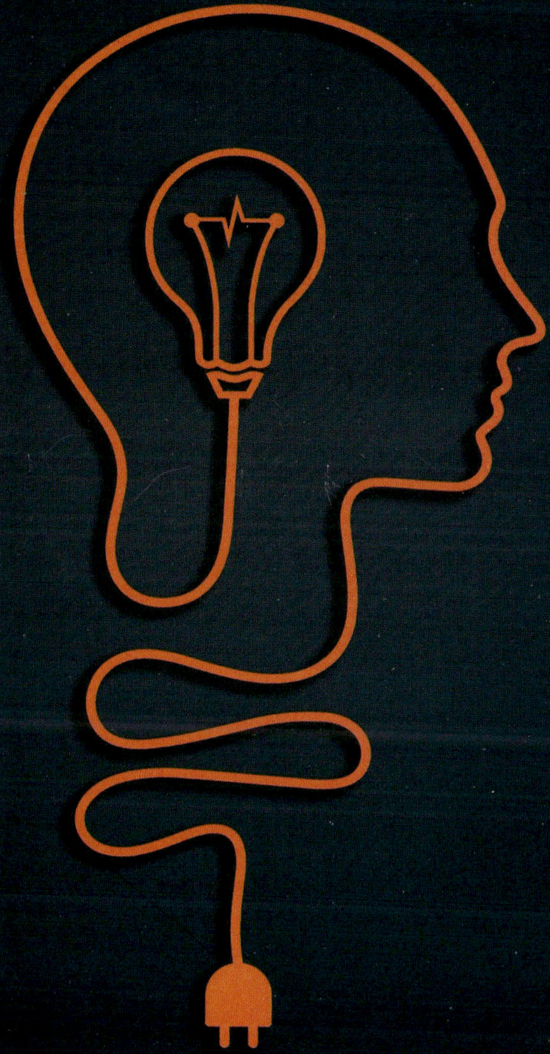

Poder & Concentração

Como extrair o melhor de você

Índice

"Lembre-se disto: o poder está na concentração; a franqueza, na diversificação."

Editorial

Focar no trabalho lhe parece uma tarefa difícil? Estudar um segundo idioma é algo que faz parte do seu objetivo de vida mas está sempre mais distante do que você imagina?

Não se preocupe, você é um ser humano normal como a maioria de nós. A quantidade de informações que chega até nós nos dias de hoje é imensa, somos bombardeados por letreiros, tablets, celulares, dispositivos visuais e interativos, telas enormes em todas as direções em que os olhos se movem...

Parece que se concentrar é uma das tarefas mais difíceis deste mundo; e é! Nas próximas páginas selecionamos uma série de dicas e pequenos exercícios que o auxiliarão a administrar melhor o seu tempo com muito mais eficiência através do poder da concentração.

Carol Pimentel
Editora responsável

Introdução

Focar no trabalho lhe parece uma tarefa difícil? Estudar um segundo idioma é algo que faz parte do seu objetivo de vida mas está sempre mais distante do que você imagina? Não se preocupe, você é um ser humano normal como a maioria de nós. A quantidade de informações que chega até nós nos dias de hoje é imensa, somos bombardeados por letreiros, tablets, celulares, dispositivos visuais e interativos, telas enormes em todas as direções em que os olhos se movem...

A atenção, às vezes, é descrita como um holofote que concentra – ou, neste caso, reúne – sua atenção em um subconjunto do que está acontecendo em sua mente ou no ambiente ao seu redor. Algumas pessoas, naturalmente, têm mais controle sobre esses "holofotes" do que outras. O controle sobre os "holofotes" também pode variar em determinadas situações (por exemplo, quando você está totalmente livre de distrações, mas vamos e venhamos, isto é praticamente impossível!) e com a ajuda de certos medicamentos (como a cafeína e outros estimulantes). Nosso objetivo é auxiliá-lo a não precisar de nenhum estímulo externo ou medicamento, mas sim focar-se em qualquer lugar e a qualquer momento sempre que desejar.

Parece que se concentrar é uma das tarefas mais difíceis deste mundo; e é! Nas próximas páginas, selecionamos uma série de dicas e pequenos exercícios que o auxiliarão a administrar melhor o seu tempo, com muito mais eficiência, por meio do poder da concentração.

Os exercícios são detalhados ao longo dos capítulos e você pode também consultar o guia rápido **Dez dicas para você se concentrar melhor,** que está no final deste livro, sempre que tiver alguma dúvida. Boa Leitura!

capítulo 1

O QUE É concentração

Procurando a definição de concentração em um dicionário comum encontramos as seguintes definições para o verbete:

1. Ato ou efeito de concentrar.
2. Estado de concentrado.
3. Reunião de muitas pessoas ou coisas em um ponto; o mesmo que concurso, convergência.
4. Condensação.
5. Isolamento.
6. Solidão.
7. Quím. Quantidade de moléculas ou íons em uma substância.

Apesar de ter um monte de significados, não encontramos ainda um que nos satisfaça de verdade... Parece que o conceito ficou meio vago, não? E se buscarmos a raiz do verbo concentrar, o que encontraremos?

1. Reunir(-se) em um mesmo centro ou ponto: Concentrar forças.
2. Fís. Fazer convergir: Concentrar os raios luminosos.
3. Reunir(-se) nas mãos de uma ou de poucas pessoas (o poder).
4. Tornar mais denso, mais forte ou mais ativo pela diminuição do volume; tornar menos diluído ou difuso; condensar.
5. Separar impurezas ou substâncias estranhas de um material para obter um produto mais enriquecido da substância essencial: Concentrar um minério.
6. **Aplicar a atenção a algum assunto; meditar profundamente: Concentrou-se no estudo.**

> "Embora tenha vários significados, a palavra 'concentração' parece ter ficado com o conceito meio vago."

Fiquemos com a última definição sobre concentrar, ela nos parece mais interessante e mais próxima do que buscamos. Aplicar a atenção ou meditar profundamente é algo que nos parece cada vez mais distante na sociedade atual. Você já se pegou concordando com alguém em uma conversa casual mas sem fazer ideia do assunto sobre o qual conversavam? Com certeza, sim. Isso já lhe aconteceu em uma reunião de trabalho? Acho que podemos dizer que sim também, não é mesmo?

Vivemos em uma sociedade assolada pela informação. Somos bombardeados por notícias, propagandas e informações em geral o tempo todo. Jornais, rádios, espaços reservados em transporte público, bancas de jornal, murais da empresa e por aí vai... A função concentração, no sentido de "aplicar a atenção a algum assunto" parece mais intangível a cada dia. Não é só o bombardeio de informações que não nos deixa nos concentrar, mas os problemas familiares, as contas a serem pagas e infinitas outras questões que podem ser facilmente enumeradas aqui. Tudo isso você já sabe, não é mesmo? Vamos então a algumas definições para que possamos "cercar" melhor o problema e revelá-lo para que fique fácil contorná-lo.

Eu defino concentração com apenas uma palavra: Foco. Foco no sentido de estar em evidência, de colocar em evidência, de "iluminar com os holofotes" o que quer que estejamos tratando. Focar nos estudos, focar no ambiente de trabalho, focar na promoção que está por vir, sempre usamos estas frases de efeito em nossas vidas, o que já nos ajuda bastante a determinar o objetivo que temos, mas como alcançá-los?

TDA

▪ TDA é uma patologia da nossa civilização? Especialistas acreditam que sim. Em primeiro lugar, cerca de 40% das crianças diagnosticadas com ela têm sofrido pressão dos professores e pais para obter melhor desempenho. Essas crianças ficam com os polegares doloridos em salas de aula onde têm de ficar "trancadas" o dia todo, prestando atenção continuamente em atividades que não escolheram. O mesmo acontece com os adultos que já trazem consequências da infância. Então, tome cuidado, levante-se ou mude de posição sempre que puder.

Existe algum segredo para isso? A resposta é sim! Apesar de simples, as propostas que serão aqui apresentadas o ajudarão a se destacar, mas, como sempre, a resposta é simples, porém exigente. Como aquela barriga "chapada" ou musculatura desenvolvida que você sempre quis, a concentração exigirá de você certa dedicação. Proporemos alguns exercícios que o ajudarão a se concentrar cada vez mais e, assim, extrair o melhor de você mesmo em todas as situações. Você está pronto?

capítulo 2

PATOLOGIAS da concentração

Antes de partirmos para os exercícios em si, vamos olhar rapidamente algumas das causas que nos impedem de nos concentrarmos.

> “A dificuldade em se concentrar pode ser causada pela síndrome do Transtorno do Déficit de Atenção.”

A concentração pode ser prejudicada ou, em alguns casos, completamente bloqueada por transtornos, doenças e/ou comportamentos de vários tipos; alguns nos são até inerentes e, em alguns casos, é necessário ajuda especializada.

1. A síndrome que mais bloqueia a capacidade de atenção–concentração de um sujeito é conhecida como Transtorno do Déficit de Atenção (TDA) com hiperatividade.
2. Vários jovens e adultos são identificados com este transtorno e uma avaliação médica mais aprofundada se faz necessária para que o problema seja tratado com todas as suas particularidades.

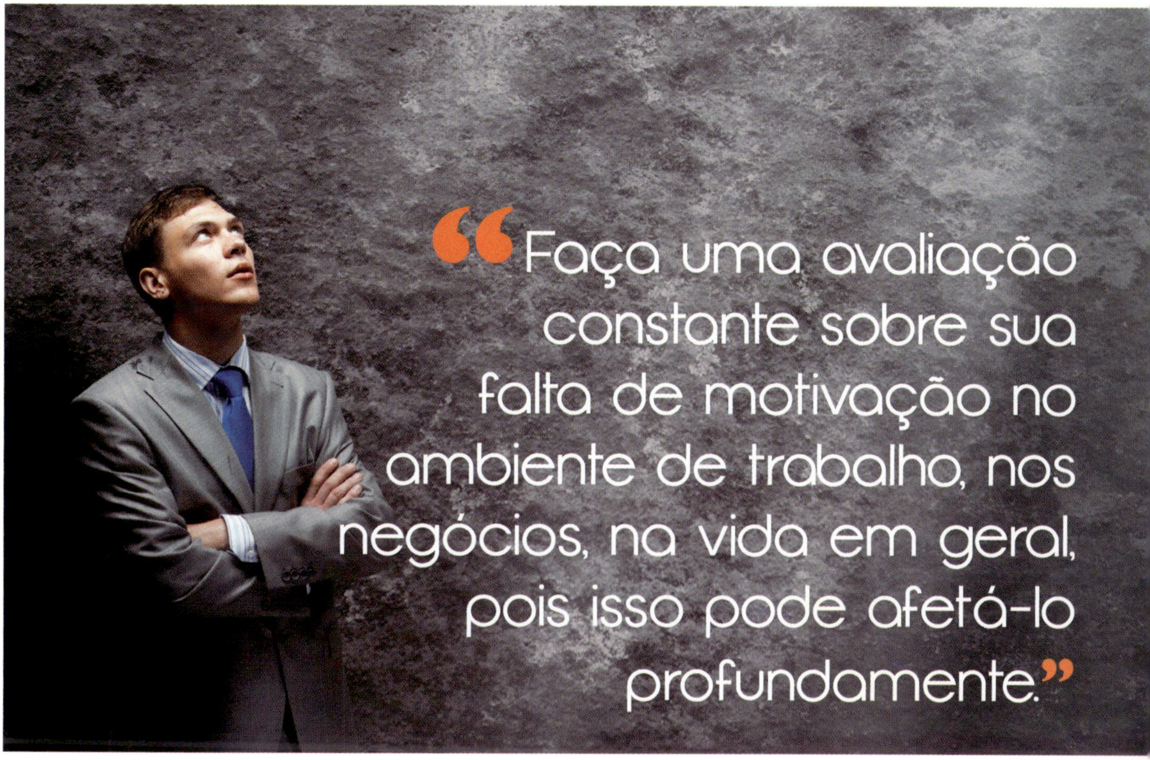

3. A conduta que mais afeta a atenção de um sujeito é a motivação.
4. Falta de motivação no ambiente de trabalho, nos negócios, na vida em geral pode nos afetar profundamente, se não estivermos atentos. Essa é uma avaliação constante e recomendada que você mesmo faça sobre sua própria vida. Reveja seus conceitos, busque motivação sempre em todos os aspectos de sua vida: um novo amor, uma nova posição no trabalho ou um novo trabalho até, uma nova carreira, um outro curso. Avalie-se e aprenda a se ouvir, veja o que realmente o faz feliz!
5. O fator sentimental ou humor afeta a atenção sobre as atividades (depressão).

Algumas pessoas têm "prazo de validade" em diversos aspectos da vida e se "cansam" facilmente do novo emprego, do(a) novo(a) namorado(a), do(a) chefe, da casa onde moram etc. Fique atento para compreender se o seu caso é esse do "prazo de validade" mesmo ou se o problema não é mais profundo e se tornou um caso de depressão. Depressão é um assunto sério e deve ser tratado como tal! Este livro não se propõe a ajudar casos que devam ser tratados com auxílio médico e recomendamos fortemente que você avalie seu caso e recorra a profissionais especializados assim que identificar a necessidade de ajuda especializada. Salvo os casos em que um profissional mais qualificado se faça necessário, os exercícios aqui propostos podem e vão ajudá-lo a extrair o melhor de você.

capítulo 3

AVALIAÇÃO básica

Certamente você já se matriculou em alguma academia de ginástica em algum período de sua vida, certo?

NEGATIVIDADE

■ O cérebro, em relação à memória, tem uma tendência à negatividade; ele fixa sempre as experiências mais desagradáveis. Normalmente ele detecta informações negativas mais rápido do que as positivas, e o hipocampo especifica as "faixas" de eventos negativos para armazenar tais eventos na memória.
As experiências negativas deixam uma marca indelével na memória, e esta é provavelmente uma adaptação evolutiva, uma vez que é melhor errar do lado da cautela e ignorar algumas experiências agradáveis do que perder de vista as ocorrências negativas e talvez perigosas!

Lembra-se da solicitação de uma avaliação médica para saber se você está apto ou não a realizar a atividade física que escolheu? Então, faremos a mesma solicitação a você antes de continuarmos com os exercícios propriamente ditos. Vamos lá?

Reveja sua rotina

"Sou tão desmiolado que devo ter TDA." Este é um dos maiores lamentos que os médico têm ouvido com certa frequência de pacientes adultos, muitos dos quais assumem que medicação é a resposta para seus problemas. No entanto, as pessoas não têm TDA nem precisam de uma pílula, na maioria das vezes; o que elas precisam é de uma rotina! Não como usamos o termo a esmo, mas sim ter mais controle sobre o que fazemos em nosso dia a dia.

Na verdade, apenas cerca de 4,5% por cento dos adultos são estimados com TDA, de acordo com um relatório publicado no *American Journal of Psychiatry*. O resto de nós, sentimo-nos fora de foco não por termos algum distúrbio ou mesmo um traço de personalidade, mas simplesmente por não termos um hábito, uma rotina certa. Para recuperar seu foco, alguns ajustes minúsculos em seu estilo de vida podem ser tudo de que você precisa!

> "Apenas 4,5% das pessoas são portadoras de TDA."

Cafeína demais nunca é bom!

Se você acha que precisa de três cafés *espressos* para prestar atenção, você provavelmente acha que é mais difícil se concentrar quando você não está tonto! Seu cérebro "só funciona" se receber cafeína? Isso não é bom! Um estimulante mais eficaz é o exercício físico.

TÉDIO

■ Como a mente vagando pode fazer você pensar que está entediado? Talvez isso dependa do que você está pensando. Por exemplo, se você começar a pensar em coisas positivas, então você pode pensar que está sonhando acordado com coisas agradáveis porque a tarefa que você está fazendo é chata. Por outro lado, quando sua mente divaga para os aspectos negativos, é porque essas coisas negativas o estão incomodando, e você não pode deixar de pensar nelas. Você pode supor que pensamentos negativos vêm a você quer você os queira ou não, e assim "sonhar" com coisas negativas não é provocado pelo tédio, mas pode ser um sinal de que sua cabeça está cheia demais. Cuidado!

A atividade física tem se mostrado extremamente eficaz para melhorar o foco, em pessoas com TDA e sem, provavelmente porque auxilia a desencadear a liberação de substâncias químicas no cérebro que são fundamentais para a aprendizagem e para a memória. Diversas pesquisas têm mostrado que exercícios aeróbicos podem melhorar o funcionamento imediato e de longo prazo nas regiões do cérebro relacionadas à atenção. Você pratica algum esporte ou é sedentário? Avalie sua vida e pratique exercícios com mais frequência! Além de melhorar sua condição física em geral, você ainda garante o sucesso profissional com muito mais eficiência e concentração!

Beba mais água!

Um estudo realizado no ano de 2012 e publicado no *The Journal of Nutrition* concluiu que a desidratação leve (tão sutil que certamente você afirmará nunca ter sentido) pode levar à desatenção, você sabia disso?

Quando as mulheres apresentavam cerca de 2% de desidratação (algo como não beber bastante água após praticar exercício físico), a sua capacidade de se concentrar em uma série de testes cognitivos foi seriamente prejudicada. Quando o cérebro detecta as menores alterações na fisiologia ele começa a operar em um nível abaixo do ideal para chamar sua atenção, explica o coautor do estudo, Harris Lieberman, PhD, um psicólogo de pesquisa do Instituto de Medicina norte-americano. "A sede não é a melhor medida de hidratação, por isso uma diminuição na sua capacidade de concentração é um sinal de alerta de que é hora de beber água."

Deixe sempre uma garrafa de água à mão e hidrate-se sempre que puder ou que perceber que seu rendimento está caindo. Lembre-se de que água é mais indicada que cafeína!

Respeite seu sono

"Quando um paciente suspeita de TDA uma das primeiras coisas que eu investigo é a sua rotina de sono.", diz Vatsal G. Thakkar, Mestre e professor assistente de psiquiatria na Escola de Medicina da Universidade de Nova York. "A incapacidade de se concentrar é muitas vezes causada pela falta de sono delta."

Thakkar está se referindo à fase de ondas lentas, que precede o sono REM; é o momento em que os poderes do cérebro diminuem e algumas evidências sugerem que é o período em que certas funções cognitivas se consolidam e se fortalecem. "Se você dorme frequentemente menos de sete horas por noite é provável que você esteja cortando essa fase delta, e isso pode dificultar sua concentração quando você está acordado", diz Thakkar.

Faça um teste: tente dormir de sete a nove horas por noite por pelo menos duas semanas e verifique seu rendimento. Se a sua concentração não melhorar, consulte um especialista do sono para determinar a verdadeira causa de sua desordem; uma apneia do sono pode ser a causa.

Mexa-se!

Algumas empresas oferecem ginástica laboral a seus funcionários de tempos em tempos, mas não são todas que têm recursos suficientes para promover este tipo de atividade. Não desanime se a sua empresa não puder oferecer isso a você, nós estamos aqui para oferecer uma série de soluções, lembra?

A natureza frenética de nossa sociedade – constantes atualizações via e-mail, reuniões e cobranças

FLASHBACKS

■ Flashbacks são memórias involuntárias (e muitas vezes recorrentes), em que um indivíduo tem uma súbita e poderosa experiência onde reexperimenta uma memória do passado, às vezes tão intensa que a pessoa literalmente revive o momento. Essas memórias involuntárias são frequentemente de eventos traumáticos ou acontecimentos emocionais altamente carregados, e muitas vezes ocorrem em momentos de grande estresse ou privação de alimento, embora as causas e os mecanismos exatos ainda não estejam claros.

chegando por ferramentas como *chats* empresariais ou skype, por exemplo – oferece algum tipo de emoção em poucos minutos, e nós somos treinados para reagir a isso o tempo todo. Quanto mais exigente for o trabalho e esse constante "desvio" de atenção, pior. Então, pequenas pausas são fundamentais!

Se o seu local de trabalho tiver alguma janela, olhe para fora por alguns instantes. Tirar os olhos da tela do computador e olhar para algum ponto distante é fundamental para nosso organismo. Somos mamíferos naturalmente caçadores e desenvolvidos para tal. Olhar para longe reforça a musculatura ocular que evoluiu há milhares de anos para nos fazer ver mais longe e não para ficar "presa à tela". Outra prática que você pode adotar é tirar alguns minutos para concentrar sua atenção em seus pés. Este truque de consciência plena o trará imediatamente de volta ao presente – direito para onde você está. Mexa seus pés, atente-se a eles, estique os dedos e encolha-os, tome consciência de seu corpo. Se o seu ambiente de trabalho permitir, levante-se e espreguice-se, alongue seu corpo e saia do estado sedentário em que você passa a maior parte do tempo. Mudar o foco também o auxilia a focar-se melhor!

Perceba que nossas sugestões são feitas não para dispersá-lo de seu objetivo, e sim para auxiliá-lo em sua concentração. Estas pausas devem ser pequenas e controladas, caso contrário você tende a piorar sua falta de atenção.

> "Pesquisas têm mostrado que exercícios aeróbicos podem melhorar o funcionamento nas regiões do cérebro relacionadas à atenção."

A seguir apresentaremos alguns exercícios que exemplificarão melhor as pausas e as atividades em geral. Não desanime!

capítulo 4

AQUIETANDO os sentidos

Como você pode perceber, sua mente é um tipo de músculo que precisa de exercícios.

Eassim como os músculos do seu corpo, seu cérebro precisa de exercício semanal para tonificar a força de seu foco e concentração. Alguns exercícios são bem simples e outros parecem bobos, mas vêm se mostrando eficazes desde muito tempo! Utilize este guia para reforçar cada vez mais o seu cérebro, ou como fonte de inspiração para inventar seus próprios exercícios de concentração. O importante é que você se concentre cada vez mais e melhor. Então, mãos à obra!

Quando você concentra sua atenção sobre um objeto, cada ação sua, voluntária e involuntária, se dá no sentido de alcançar esse objeto. **Se você concentrar suas energias em algo que realmente deseja e conseguir excluir todo o resto de sua mente, você gera a força necessária para conquistar o que você quer.**

Ao concentrar seu pensamento, você aumenta a sua força. Os exercícios que se seguem podem parecer tediosos e monótonos, mas certamente são úteis. Se você persistir descobrirá que eles são muito valiosos, uma vez que aumentam seu poder de concentração. Será necessário, primeiro, treinar o corpo para obedecer aos comandos da mente. Eu quero que você ganhe o controle de seus movimentos musculares. O exercício seguinte é especialmente bom em ajudar você a adquirir o controle perfeito dos músculos. Pronto?

Como quase todos os exercícios são controlados por tempo, recomendamos que você sempre tenha à mão um temporizador. Pode ser algo simples como aqueles de cozinha ou um timer em seu celular ou relógio de pulso. Utilize o que for mais fácil, afinal estamos melhorando sua concentração e não procurando mais pedras para colocar em seu caminho!

Sente-se direito!

Sente-se em uma cadeira confortável e veja por quanto tempo você pode ficar na mesma posição sem se mexer. Isto não é tão fácil quanto parece. Você terá de centrar sua atenção em ficar parado. Preste atenção e veja que você não está fazendo nenhum movimento muscular involuntário. Com um pouco de sorte você achará que é capaz de se sentar sem mover um músculo sequer durante 15 minutos, no máximo!

No começo aconselho-o a ficar sentado em uma posição relaxada por cinco minutos. Depois você será capaz de aumentar o tempo para dez minutos e, em seguida, a 15. Este é o tempo necessário. Não tente prolongá-lo! Você deve estar completamente relaxado.

Um pouco de prática e você perceberá que é possível relaxar sentado em uma cadeira, seja ela qual for e esteja onde estiver; tudo depende de seu estado natural de concentração. Experimente realizar este exercício todos os dias e tenha consciência de que o aumento deve ser progressivo.

Faça-o por pelo menos cinco dias antes de aumentar o tempo, sinta-se totalmente confortável e aumente só quando o tempo não for mais um incômodo.

Fixe o olhar em seu dedos

Sente-se em uma cadeira com a cabeça erguida, coluna ereta e ombros para trás. Levante o braço direito até que ele esteja no nível de seu ombro, aponte com seu dedo indicador para sua direita. Olhe ao seu redor, mexa apenas a cabeça, e fixe o olhar em seu dedo indicador, mantenha o braço completamente esticado e parado por um minuto. Faça o mesmo exercício com o braço esquerdo. Quando você for capaz de manter o braço perfeitamente estável, aumente o tempo até que você seja capaz de fazer isso por cinco minutos com cada braço.

Mude o foco do olhar

Para este exercício você precisará encontrar um quadro, um ponto na parede, uma janela ou qualquer coisa que esteja distante de você. O importante é alternar sua capacidade de focar o olhar em objetos próximos e distantes. Sente-se confortavelmente em sua cadeira, coluna ereta e cabeça erguida. Busque um ponto distante e fixe o olhar nele por um minuto para começar, em seguida encontre um ponto bem próximo – pode ser um ponto que você mesmo tenha desenhado em um papel de rascunho, ou a câmera em seu computador, a ponta de um lápis em seu porta-canetas etc., o importante é que seja algo diferente de sua tela de computador ou objeto de trabalho

– e fixe o olhar novamente por mais um minuto. Faça esta mudança por três vezes. Não é necessário aumentar o tempo. **O objetivo dos exercícios acima é fazê-lo controlar o movimento muscular involuntário**, tornando suas ações totalmente voluntárias. Os exercícios seguintes foram projetados para fazer seus músculos voluntários obedecerem à sua vontade, para que suas forças mentais possam controlar todos os seus movimentos musculares.

Concentre-se na abertura e no fechamento de seus punhos

Mova sua cadeira para perto de sua mesa, cerre o punho da mão direita, mantendo as costas da mão sobre a mesa e o polegar dobrado em cima dos outros dedos. Agora fixe o olhar em seu punho por meio minuto; em seguida, estenda gradualmente o polegar, mantendo toda a sua atenção fixa neste ato, como se fosse uma questão de vida ou morte! Depois, gradualmente, levante o seu dedo indicador; em seguida, faça a mesma coisa com o dedo médio e assim por diante até que você fique com as mãos abertas. Em seguida, reverta o processo, fechando primeiro o último aberto (dedo mínimo ou mindinho) e depois o resto, até que, finalmente, você tenha o punho novamente na posição original com o polegar fechado sobre os outros dedos. Faça este exercício novamente com a mão esquerda. Repita-o cinco vezes com cada mão. Em poucos dias você pode aumentá-lo para dez vezes com cada mão.

Há grandes chances de que os exercícios até agora apresentados o deixem "cansado", mas é importante que você os pratique, pois esses exercícios "monótonos" **são a chave para você treinar sua atenção!** Eles também lhe dão

PENSAMENTO POSITIVO

▪ O pensamento positivo está esperando, conversando, acreditando e visualizando o que você deseja alcançar. Veja o que você quer ver como um fato consumado! Lembre-se de que só os pensamentos positivos não são suficientes. Sinta e aja positivamente.

controle sobre seus movimentos musculares. A atenção deve ser mantida em cada movimento que você esteja fazendo; se sua mente "se perder" ao longo do processo eles serão em vão...

Você pode pensar que estes exercícios são muito simples e sem nenhum valor, mas eu prometo a você que, em um curto espaço de tempo, você perceberá que agora você possui um controle muito maior sobre seus movimentos musculares e, consequentemente, sobre seu comportamento; você perceberá como **melhorou muito o seu poder de direcionar sua atenção para o que está fazendo** e que pode focar seus pensamentos sobre qualquer coisa que fizer!

OBJETIVO REAL

■ Quando você diz para si mesmo "eu não posso" e espera o pior, você se torna fraco e infeliz. Mas quando você diz "eu posso" e espera o sucesso, você preenche-se com confiança e felicidade e aproxima-se mais e mais de seu real objetivo, acredite!

Não importa o que você esteja fazendo, imagine que isso é seu objeto principal na vida. Imagine que você não está interessado em qualquer outra coisa no mundo além daquilo que você está fazendo. **Não deixe que sua atenção se afaste da atividade que você está realizando**. Sua atenção, sem dúvida, será rebelde, mas **controle-a** e não permita que ela assuma o controle. Uma vez que você controlar a "rebeldia" de sua atenção e se der conta disso, terá conseguido uma vitória muito maior do que você pôde imaginar. Você será grato por ter aprendido a focar sua atenção a objetos mais próximos de suas mãos.

Não fique nenhum dia sequer sem praticar! Concentre-se em algum objeto familiar que seja desinteressante. Nunca escolha um objeto interessante, uma vez que este requer menos de sua atenção. Quanto menos interessante for o objeto, melhor será o exercício. Depois de um pouco de prática você perceberá que pode centrar a sua atenção sobre os assuntos mais desinteressantes que lhe forem apresentados. A pessoa que consegue se concentrar pode ganhar total controle sobre seu corpo e mente, tornando-se assim o mestre de seus desejos e não seu escravo!

Quando você puder controlar a si mesmo conquistará tudo aquilo que você deseja! Você desenvolverá uma força de vontade inigualável que fará de você um gigante em comparação com qualquer um que careça de força de vontade. Experimente sua força de vontade de diversas maneiras até que você a tenha sob total controle, de tal modo que quando você decidir fazer algo já será vitorioso antes mesmo de perceber. Nunca se satisfaça com o espírito "já estou bom o bastante", aprenda sempre a melhorar seus resultados! Não se contente com pouco quando estiver se tornando tudo aquilo que estava destinado a ser.

Concentração interna

> "Não se contente com pouco – aprenda a melhorar seus resultados!"

Deite-se e relaxe os músculos completamente. Concentre-se nas batidas do seu coração. Não preste atenção a qualquer outra coisa. Pense em como este grande órgão bombeia o sangue para todas as partes de seu corpo; tente realmente imaginar o sangue que deixa o grande reservatório e segue um fluxo até os dedos de seus pés. Imagem outra corrente de sangue indo para seus braços chegando até as pontas dos dedos. Depois de um pouco de prática, você realmente sentirá o sangue que passa através de seu sistema.

Concentrando-se em seu sono

Este método é conhecido como o método da água e, embora seja muito simples, é extremamente eficaz na indução de sono. Coloque um copo cheio de água cristalina em uma mesa – criado-mudo ou mesa de cabeceira – em seu quarto.

Sente-se em uma cadeira ao lado da mesa e olhe para o copo de água por alguns instantes. Pense como a água é calma e o tranquiliza. Sinta-se relaxado e focado em suas palavras. Sinta. Viva esta sensação por alguns segundos. Em seguida, imagine-se mergulhando neste estado calmo e pacificador. Em pouco tempo você perceberá as tensões deixando seu corpo, seus músculos relaxando, a calma tomando conta do seu ser e você será capaz de ir se deitar para uma noite de sono tranquilo e revigorante.

Em alguns casos vale imaginar-se sonolento para induzir o sono, e se a insônia persistir imagine-se como um tronco oco flutuando nas águas límpidas de um rio calmo em uma floresta tranquila. Aqueles que estão preocupados apenas com a insônia perceberão que este exercício do sono é muito eficaz.

Lembre-se de mudar o foco! Não se concentre na insônia, mas sim no sono. Basta manter a ideia em sua mente de que não há nenhuma dificuldade em ir dormir; tente banir todo o medo de insônia. Pratique este exercício e você vai dormir.

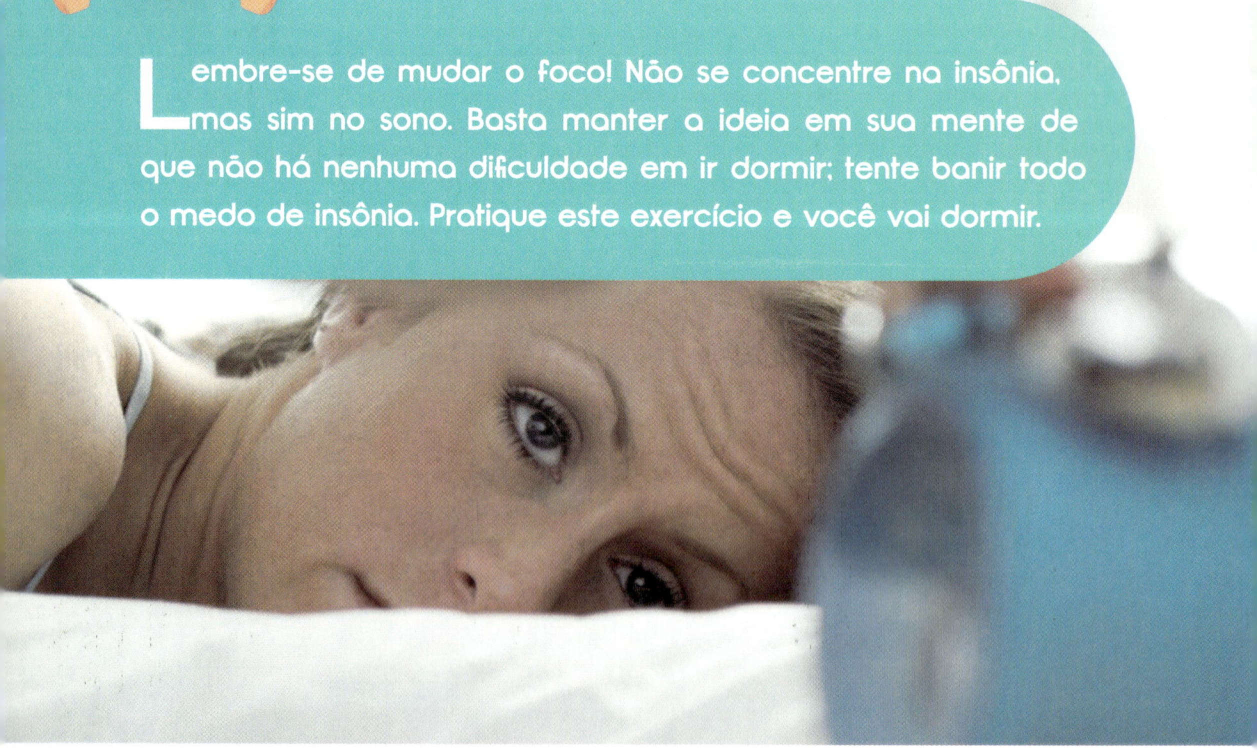

Concentração no relógio

Sente-se em uma cadeira confortável e coloque um relógio com ponteiros em cima de uma mesa. Siga o ponteiro dos segundos com os olhos enquanto ele se move. Continue assim por cinco minutos; tente não pensar em mais nada, foque somente no ponteiro; este é um exercício muito bom para quando você só tem alguns minutos para praticar; cada vez que seu pensamento tentar "escapar", fixe-se novamente no ponteiro. Como não há nada de interessante no ponteiro de um relógio, este é um exercício difícil de ser feito, mas o esforço extra de se concentrar em realizá-lo é onde reside o seu valor. Não repita este exercício na sequência. Faça-o sempre no dia seguinte e veja como sua capacidade de se concentrar aumenta exponencialmente!

> "Manter o controle em todos os níveis é algo fundamental para que você melhore cada vez mais sua concentração."

Todos os exercícios propostos até aqui visavam uma concentração mais interna e perspicaz aos detalhes, à respiração, aos anseios internos. Para tal, tivemos de aprender a controlar o mais avassalador de todos os tormentos – nossa própria mente! Vejamos agora mais uma série de exercícios focados a objetivos mais externos. Não se esqueça de que manter o controle em todos os níveis é algo fundamental para que você melhore cada vez mais sua concentração. Estes exercícios propostos até então parecem simples, mas exigem um altíssimo poder de concentração; não deixe de praticá-los para que você avance em direção ao controle absoluto de sua concentração!

Medite em casa

A meditação não só ajuda a mantê-lo calmo e desperto, como também auxilia a sua capacidade de se concentrar de forma bastante significativa.

Estudos recentes apontam que oito semanas de prática de meditação diária mostraram melhorias posteriores mensuráveis na capacidade de atenção, bem como outras funções mentais de executivos que se voluntariaram. Você não tem que passar os seus dias meditando em um mosteiro para tirar proveito de seu poder concentração. A pesquisa mostrou que apenas dez ou vinte minutos de meditação por dia são mais do que suficientes para melhorar seu foco! Além do mais, você vai ver grandes melhorias em sua atenção depois de apenas quatro dias. Então, se você quer ter o poder de se concentrar em seus estudos ou trabalho por horas, comece suas manhãs meditando por alguns minutos.

CITAÇÕES POSITIVAS

■ Ler algumas citações de pensamentos positivos antes de dormir e logo no início da manhã irá mudar gradualmente a sua forma de pensar e transformará a sua vida atraindo mais e mais coisas boas para você. Experimente!

Um exercício de meditação extremamente eficaz é o de se concentrar em sua própria respiração. Esta técnica também é chamada de meditação quadrada e é bem simples de ser realizada.

Sente-se confortavelmente - não precisa estar com as pernas cruzadas em posições difíceis, basta estar bem acomodado -, feche os olhos e repouse as mãos sobre suas pernas. Inspire contando de um a quatro. Prenda a respiração contando de um a quatro. Solte o ar enquanto conta até quatro e fique sem ar enquanto conta até quatro. Repita esse movimento diversas vezes por dez minutos, todas as manhãs!

Medite em seu ambiente de trabalho

Especialistas recomendam dedicar de dez a vinte minutos por dia à meditação de concentração total (a que propusemos anteriormente para ser feita em casa) e, também, encontrar oportunidades para meditar ao longo do dia sempre que possível.

Controlar a mente é simples se você puder se concentrar completamente sobre o que está fazendo, abrandando e observando todas as sensações físicas e emocionais que você está enfrentando naquele momento.

"Não deixe bloqueios mentais controlá-lo. Defina-se como um ser livre. Enfrente seu medo e transforme os bloqueios mentais em blocos de construção."
Dr. Roopleen

Você pode praticar a **Meditação de Plena Consciência** enquanto você come, por exemplo: concentre-se sobre o tempo que você leva para realmente mastigar a comida e em todos os seus sabores e texturas. Você pode praticar a Meditação de Plena Consciência enquanto você se barbeia: sinta o cheiro de seu creme de barbear, esteja atento ao prazer de aplicar a espuma em seu rosto e à sutileza de arrastar lentamente a navalha em toda a sua barba. Ou então durante o banho. Não importa o momento, o importante é que você pratique! Incorporar sessões curtas de atenção plena ao longo de seu dia fortalecerá e expandirá a sua capacidade de atenção para os momentos em que você realmente precisar dela.

A Meditação de Plena Consciência também pode ajudá-lo a se livrar de distrações que possam eventualmente surgir. Se você estiver trabalhando em uma tarefa e sentir uma tremenda inquietação para largar tudo e ir fazer outra coisa, pense consigo mesmo: **"Estou aqui agora".** Neste momento, traga sua consciência para o seu corpo e para a sua respiração. Depois de alguns segundos concentrando-se em sua respiração, você vai perceber que a distração não está mais presente e que você está mais uma vez pronto para voltar ao trabalho.

capítulo 5

AUMENTE SUA concentração gradualmente

Se você decidir que quer ficar fisicamente em forma mas está começando do zero, a pior coisa que você pode fazer é atirar-se em um programa de treinamento extremo.

Você vai acabar machucado, desanimado, ou ambos, e você o abandonará antes mesmo de completar. Da mesma forma, se o seu tempo de atenção é atualmente muito pequeno, é melhor "forçá-lo" lentamente e entender "quanto peso" você pode efetivamente levantar. Nesta série de exercícios proporemos um método eficaz, conhecido como o Método Pomodoro, em que você trabalha se concentrando por pouco tempo, descansa por um intervalo de tempo e retoma novamente a concentração. Vamos ver mais de perto este método e comecemos então nosso próximo exercício!

"Para ficar em forma a partir do zero jamais adote um programa de treinamento extremo."

Método Pomodoro

Devemos começar com um objetivo fácil e desenvolveremos uma maneira tranquila de trabalhar a partir daí. Marque seu temporizador para 25 minutos e se concentre completamente em seu trabalho/leitura durante esse período de tempo. Lembre-se de desligar o pacote de dados do seu celular, desligar as mensagens automáticas de e-mail e tudo o que possa tirar sua atenção durante este curto período de dedicação intensiva.

Após os 25 minutos, faça uma pausa de cinco minutos. Faça o que você quiser: levante, espreguice, cheque suas mensagens etc. Vale de tudo nestes cinco minutos de "liberdade". Recomendamos que você mude de ambiente e que faça algo que realmente lhe interesse, mas como nem sempre isso é possível, faça o que for possível e o que lhe garanta pelo menos cinco minutos de prazer. Cada período de 25 minutos é chamado Pomodoro. A cada quatro Pomodoros você "ganha" uma pausa maior que deverá ser de trinta minutos. Sim! Meia hora para você fazer o que lhe der na telha. Aproveite!

> "A cada distração levamos em média 25 minutos para focarmos profundamente na tarefa que vínhamos desempenhando."

Se 25 minutos forem muito longos para você, tente intervalos de tempo menores e, a cada dia, adicione mais cinco minutos de seu tempo de trabalho focado, juntamente com um adicional de dois minutos para o seu tempo de descanso. Em poucos dias, você será capaz de trabalhar por 45 minutos seguidos antes de se permitir uma pausa de 20 minutos.

"Para transformar seus sonhos em realidade, todos os seus recursos, esforços e concentração devem ser alinhados na mesma direção."
Dr. Roopleen

Vale ressaltar que nosso tempo de atenção em geral não é muito longo e essas pausas aliviam a sensação de "sabotagem" que você mesmo pode se impor. Tente não exceder 45 minutos de trabalho direto. Uma vez que você se sentir confortável com este tempo, você pode trabalhar para alongar suas sessões de foco um pouco por vez, enquanto encurta seus períodos de pausa. Caso a interrupção seja necessária, uma reunião inesperada ou um telefonema urgente, por exemplo, zere seu contador e comece novamente o Pomodoro antes de se dar a tão merecida pausa.

Crie uma lista de distração

A internet faz qualquer bit de informação ser acessível quase que instantaneamente e nós tendemos a querer procurar por informações no exato momento em que "a ideia" aparece em nossa mente. "Será que amanhã vai chover?" "Comprar remédios para fulano." "O que há de novo no meu Facebook?" ou qualquer que seja sua dúvida... Por isso, vamos afastar toda e qualquer ideia "incrível" que tenhamos durante o momento de trabalho concentrado.

Você sabia que a cada distração levamos em média 25 minutos para focarmos profundamente na tarefa que vínhamos desempenhando? Pois é! Além disso, mudar o foco de nossa atenção exigirá muito mais de você; não se permita desfocar! Portanto, deixe sempre um pedaço de papel e uma caneta próximos de você e anote essas ideias rapidamente, assim você já tem o que fazer nos seus minutos de folga e não perde muito tempo se ausentando de vez de suas funções.

Teste sua memória

Memorize coisas! Além de ser um truque bem legal ele pode lhe proporcionar uma fonte de poemas, piadas, números de telefone ou do que quer que seja para recitar quando quiser ou quando precisar! Memorizar informação é uma excelente maneira de exercitar seus músculos mentais. Imponha-se uma meta de memorizar um poema, uma música ou alguma coisa que lhe interesse por semana. Você certamente se surpreenderá com sua capacidade mental!

Existe uma série de sites na internet que disponibilizam jogos gratuitos de memória. Você pode buscá-los sempre que quiser ou baixá-los como aplicativos para seu smartphone ou tablet e jogá-los no percurso para o trabalho ou para casa. As ferramentas estão disponíveis, basta você saber usá-las a seu favor!

Leia coisas longas devagar

Com a ascensão dos *tablets, e-readers* e *smartphones,* alguns estudos indicam que a leitura de *e-conteúdo* em geral subiu quase 40% nos últimos cinco anos. Isso é uma coisa boa, certo? Mas a resposta não é essa... A revista norte-americana *Slate* fez uma pesquisa recentemente com a ajuda da empresa de análise de *websites Chartbeart* e determinou que apenas 5% dos leitores que iniciam a leitura de um artigo on-line vai realmente terminá-lo. Além disso, constatou-se que 38% dos leitores nunca rolam a página para além dos primeiros parágrafos. Então, afirmar que a leitura em geral subiu é errado. O que

A TEORIA DA MEMÓRIA DE ARISTÓTELES

■ O estudo da memória humana remonta pelo menos há 2 mil anos, nas primeiras tentativas de Aristóteles de entender a memória em seu tratado sobre a alma. Nesse estudo, ele comparou a mente humana a um quadro em branco e teorizou que todos os seres humanos nascem livres de qualquer conhecimento e são apenas a soma de suas experiências. Esta teoria da memória predominou por muitos séculos!

estamos realmente fazendo é rolar mais e ler menos. Ao mesmo tempo, estamos lendo menos livros; um estudo recente mostrou que 25% dos norte-americanos não leu um único livro em 2014. Ainda em 2014, no mês de maio, a Universidade Federal de Campina Grande publicou um artigo na Folha de São Paulo mostrando que 45% da população brasileira não gosta de ler!

Esta é uma notícia vergonhosa. Há certas ideias complexas que são impossíveis de serem condensadas em mensagens curtas, pequenos parágrafos ou textos curtos e, portanto requerem um livro inteiro (ou vários livros) para expô-las.

Apesar dos recursos e novas tecnologias disponíveis, ler algo longo passou a ser raridade e a ser praticado apenas pelos mais dispostos a mergulhar mais fundo. Há, definitivamente, um lugar para se aprofundar pouco e aprender pouco: a internet. Mas você também deve abrir espaço para mergulhar mais a fundo em algum tópico que lhe agrade e fazê-lo aos poucos, pesquisando ou lendo um pouco todos os dias. Se você ainda não leu um livro inteiro, eu desafio você a uma começar um esta noite. Tente mergulhar nele. Aprenda a ler um livro corretamente; isto certamente vai mudar a sua vida!

> “Há certas ideias complexas que requerem um livro inteiro (ou vários) para expô-las.”

Além dos livros, faça um esforço para ler um ou dois artigos longos ao longo de uma semana. Existe uma infinidade de *websites* recheados de notícias para todos os gostos. Segure seu mouse firme e não tenha medo de mergulhar nas notícias da *web*! Sabendo o que procurar e tomando os cuidados necessários de um usuário, você não se arrependerá.

Concentre-se no que você lê

Ninguém pode pensar sem primeiro concentrar seus pensamentos no assunto em questão. Todo homem e toda mulher devem treinar-se para pensar com clareza. Um excelente exercício é ler alguns contos e, em seguida, escrever apenas uma versão resumida do que leu. Leia um artigo em um jornal e use poucas palavras para expressá-lo. Ler um artigo para obter apenas o essencial exigirá sua mais alta concentração.

Se você for incapaz de escrever sobre o que você acabou de ler, você perceberá que é fraco no quesito concentração. Em vez de escrevê-lo, você

A TEORIA DE HARTLEY

■ o filósofo Inglês David Hartley, no século XVIII, foi o primeiro a levantar a hipótese de que as memórias eram codificadas por meio de movimentos ocultos no sistema nervoso, embora sua teoria física para o processo fosse muito rudimentar.

pode expressá-lo por via oral, se desejar. Vá para o seu quarto e conte sobre o que leu como se estivesse falando com alguém. Este simples exercício o auxiliará a desenvolver melhor sua concentração e você aprenderá a pensar, pois instintivamente estará organizando seu pensamento antes de falar. Ao praticar estes exercícios simples de ler um livro por vinte minutos e, em seguida, escrever sobre o que você leu, as chances são de que no início você não se lembre de muitos detalhes, mas com um pouco de prática você será capaz de escrever muito bem sobre o que você leu. Quanto mais você se concentrar mais preciso será.

Quando o tempo for escasso, nossa sugestão é que você leia apenas uma frase curta e tente escrevê-la palavra por palavra. Quando você for capaz de fazer isso, leia duas ou mais frases e faça o mesmo exercício. A prática produzirá resultados muito bons se você praticar sempre que possível.

Se você só vai utilizar o seu tempo livre para praticar exercícios aqui sugeridos, certamente ganhará maravilhosos poderes de concentração. Você descobrirá que sua concentração aumentou não só para se lembrar de cada palavra em uma frase que você está memorizando, mas para o que você desejar recordar, e este poder, por si só, mais do que compensa a dificuldade do exercício! É claro que o sucesso em todos os itens acima depende de cultivar, através da concentração mais próxima, o poder da imagem ou de imaginar o que você lê; lembre-se de que é este seu poder, expresso por um escritor em palavras, de deixar as montanhas e os rios muito mais belos ao usar sua própria imaginação. Pratique!

MANTER A CURIOSIDADE FIRME, SEM DIVAGAR, TAMBÉM É UM EXERCÍCIO DE CONCENTRAÇÃO.

Mantenha-se curioso

Quanto mais curioso sobre o mundo, maior será sua concentração quando se tratar de qualquer empreendimento. William James, um dos pais da psicologia moderna, sugere um experimento simples para mostrar que ficar curioso sobre o objeto de sua atenção pode prolongar a sua capacidade de manter o foco sobre ele. Vamos ao exercício:

"Tente olhar fixamente para um ponto ou papel na parede. Você certamente vai achar que uma dessas duas coisas aconteceu: o seu campo de visão ficou turvo, de modo que agora você vê tudo diferente, ou então que você involuntariamente deixou de olhar para o ponto em questão, e está à procura de outra coisa. Se você fizer sucessivas perguntas a si mesmo sobre o ponto em questão – qual o tamanho, a forma, o tom de cor etc. desse ponto; em outras palavras, torne-o atraente para você, pense nele de várias maneiras diferentes, associando-o a tudo o que você puder –, você pode manter sua mente interessada sobre o que bem desejar e por um período de tempo relativamente longo. Isto é o que um gênio faz!"

Charles Darwin foi um mestre desse conceito. Seus contemporâneos maravilharam-se com a sua capacidade de passar um dia inteiro apenas olhando para animais e plantas.

PROCESSOS DE MEMÓRIA DO COMPUTADOR E DO CÉREBRO

■ A tecnologia utilizada para desenvolver computadores nas décadas de 1950 e 1960 permitiu que um paralelo entre os processos do computador e do cérebro se tornasse evidente, levando a enormes avanços na compreensão dos processos de codificação, armazenamento e recuperação de memória!

NEUROCIÊNCIA COGNITIVA
■ Hoje em dia, o estudo da memória humana é considerado como parte das disciplinas da psicologia cognitiva e neurociência, e a ligação interdisciplinar entre as duas é conhecida como neurociência cognitiva.

O segredo de Darwin era sua curiosidade incansável – ele poderia descobrir mais e mais sobre um único objeto simplesmente por ater-se aos detalhes, examinando-o de diferentes maneiras, fazendo novas perguntas. Pouco a pouco ele "descascava" todas as suas camadas. Experimente!

Foque na escuta

O foco não é apenas útil para esforços intelectuais. É também uma habilidade interpessoal essencial. A capacidade de estar totalmente presente com um ente querido ou com um amigo faz parte de seu relacionamento com o mundo e promove intimidade e confiança entre vocês. Ao mesmo tempo, fazer um esforço para concentrar toda a sua energia em outra pessoa fortalece os músculos de concentração total. Então, da próxima vez que você estiver falando com alguém, ponha seu telefone de lado e ouça-o atentamente, da melhor maneira possível.

Não é muito difícil ouvir o que uma pessoa tem a dizer, basta um pouco de dedicação de sua parte; mas se só com exercício você ficará mais atento, vamos a ele! Encontre um local calmo em que você possa se sentar e relaxar. Feche os olhos e aos poucos concentre-se no barulho dos ponteiros de um relógio analógico. Elimine todo e qualquer ruído de sua mente e foque apenas no barulho dos ponteiros. Faça o exercício por cinco minutos sempre que puder. Se por acaso sua mente desviar os pensamentos para assuntos que não sejam o barulho do relógio, foque novamente nele, o importante é que você sempre retorne sua mente ao objeto em que está centrando sua atenção.

> "Aprenda a ouvir, isso faz parte de seu relacionamento com o mundo."

capítulo 6

ADMINISTRE SEU tempo como um todo

A atenção é mais do que apenas se concentrar em completar uma tarefa.

Nós usamos a nossa atenção para moldar o "grande quadro da vida" também. Você pode dizer o que um homem verdadeiramente valoriza pelo simples fato de observar o que ele presta atenção. E como inúmeros mestres espirituais têm alertado, o que um homem presta atenção acaba moldando sua alma e caráter.

Seu foco é realmente a sua realidade. Por essa razão, dominar a atenção deve começar no nível mais macro, eliminando aos poucos o que o distrai de seu verdadeiro propósito de vida e centrando no que é realmente importante para você. Como comandante supremo de sua mente, você precisa saber pelo que está lutando nesta guerra e ter uma visão mais geral do que você está fazendo para alcançar seus objetivos. Veja como você pode elaborar e seguir uma estratégia:

Certifique-se de seus princípios e objetivos

"Eu sou, de fato, um rei, porque sei como me governar."
Pietro Aretino

Quando uma pessoa carece de princípios orientadores, a sua atenção se volta para o que o mundo lhe diz ser importante, e, normalmente, o que o mundo lhe diz ser importante é corrosivo para uma vida verdadeiramente próspera! Conhecer os seus valores fundamentais e ter um plano para seus objetivos, direcionar sua atenção para o que mais importa é fundamental, lembre-se de cortar o supérfluo e o perturbador.

Pense, faça listas e depois modifique-as, escreva. Como disse a lagarta azul – Absolém – no livro Alice no País das Maravilhas:

"Se você não sabe onde quer ir, qualquer caminho serve."

E isso não é o que queremos! Saber onde você quer chegar facilitará sua vida, pois suas escolhas e decisões serão claras e o levarão ao seu objetivo mais rapidamente.

Planeje o seu dia e semana

Nós, erroneamente, pensamos em planejamento como a gestão do tempo, mas em sua essência, **o planejamento é o gerenciamento da atenção**. Toda vez que você sentar para planejar o seu dia – não tem problema, pode ser o dia em que você está –, decidir ao que você vai voltar a sua atenção o levará à perfeição. Sem planejamento você acaba gastando a sua atenção e energia nas distrações imprevistas que aparecem e, sem que você perceba, a areia do tempo escorre por suas mãos e mais um dia se vai sem que você tenha concluído coisa alguma.

Tome decisões. Não permita que as distrações corriqueiras o desviem de seus reais objetivos. Organize seu dia e veja como é bom riscar cada tarefa assinalada em sua lista ao concluí-la! Comece a organizar o seu dia e aos poucos organize sua semana e, em pouco tempo, sua capacidade de concluir tarefas com objetividade será exímia.

"Minha atitude é que, se você me empurrar em direção à minha fraqueza, vou transformar essa fraqueza em força."
Michael Jordan

Faça uma auditoria para ver como você utiliza seu tempo

Você certamente diz que sabe o que é importante para você, mas se sua vida dependesse de suas decisões, você apostaria em você mesmo? Prestar atenção leva tempo – descobrir como você otimiza seu tempo é imprescindível e você vai saber como você está agindo com tudo em sua vida. Não é só de trabalho que vive uma pessoa. Esteja atento ao tempo que você passa com sua família e amigos, aprenda sobre seus *hobbies* preferidos e viagens; dedicar um tempo ao que o faz feliz é necessário desde que você se

"Você não pode fazer muita coisa na vida se você trabalha somente nos dias em que se sente bem."
Jerry West

dedique inteiramente ao que está fazendo quando estiver fazendo. Se você estiver com seus amigos, desfrute ao máximo de cada momento, esteja com eles de fato. Não permita que sua mente o distraia ou o leve para "os relatórios que devo entregar na próxima semana".

Faça bilhetinhos para você mesmo

Incorpore lembretes morais em sua vida. Lembretes morais são coisas como cartazes ou manifestos pessoais que contenham ou simbolizem seus valores e objetivos. Sempre que você vir esses avisos, sua atenção à deriva será levada de volta ao foco principal. Parece engraçado, mas funciona! Um pequeno bilhetinho em papel de cor vibrante estrategicamente colocado num canto de sua parede com um frase de efeito será como uma âncora para sua mente. Uma frase colocada em seu despertador ou como protetor de tela de seu computador também o ajuda a realizar melhor suas atividades.

OK! Eu sei que nem todo mundo acorda sorrindo e se essa pessoa ainda vir uma carinha sorrindo em seu despertador é capaz de iniciar a Terceira Grande Guerra... Por isso a auditoria acima mencionada é necessária. Conheça-se cada vez mais e encontre a sua própria fórmula mágica. Nem todos os exercícios aqui propostos servem para todas as pessoas. Arrisque! Experimente! Mude! Adapte! Mas, acima de tudo, conheça-se para que cada experiência seja benéfica.

Aceite somente o que é capaz de concluir

FOQUE E APLIQUE SUAS ENERGIAS EM UM TÓPICO POR VEZ, PARA EXTRAIR O MELHOR DE SI MESMO.

Evite multitarefas, ou seja, não aceite mais trabalho (ou exercícios deste livro) que o sobrecarreguem. Remover distrações é parar de aceitar multitarefas. Quando você faz muitas coisas ao mesmo tempo, você não está realmente fazendo várias coisas ao mesmo tempo. **Você está apenas mudando a sua atenção voluntária e entre diferentes tarefas**. E cada vez que você ativa a sua atenção, você usa um pouco do combustível finito de sua atenção voluntária e em pouco tempo não estará mais focado como deveria...

Se você passa suas manhãs equilibrando sua atenção entre o seu *feed* do Twitter, *feeds RSS*, email, Facebook, mensagens no WhatsApp e o trabalho que deveria estar fazendo, não se surpreenda se o seu cérebro se sentir em frangalhos e você não tiver atenção suficiente para qualquer atribuição que surgirá na parte da tarde. Você esgotou sua energia ao tentar focar em diversas atribuições, e, se for analisar friamente o que fez, não fez nada como deveria ter sido feito. Focar em um tópico por vez e aplicar suas energias nele é saber, antes de tudo, se respeitar e extrair sempre o melhor de você mesmo. Experimente a sensação de ver seu trabalho concluído, independentemente do que você tiver escolhido para terminar. Termine!

Seja otimista

Você já deve ter visto essa sugestão em diversos locais diferentes, mas você já parou para pensar de fato em por que ela se repete tantas vezes? A resposta é simples, porque é fundamental ser otimista! **Quando somos otimistas, ficamos mais relaxados e, portanto, mais propensos a ver novas conexões e**

"Seu maior adversário não é a outra pessoa, mas sim a natureza humana."
Bobby Cavaleiro

oportunidades. Esta é uma das razões pelas quais é tão importante que os líderes continuem otimistas; um sentimento de otimismo realista é essencial na elaboração e manutenção de uma visão estratégica do grande retrato da vida.

"É difícil vencer uma pessoa que nunca desiste."
Babe Ruth

Investigue-se!

Reúna provas do contrário. Uma vez que decidimos que alguém tem uma falha inerente é comum rotular a pessoa quase que instantaneamente – essa pessoa é estúpida, louca, inútil, egoísta, imatura, mal intencionada, preguiçosa etc. Você nem mesmo sabe se a pessoa em questão tem realmente os atributos que acabou de lhe dar – um foco mais direcionado e objetivo tende a se definir em você próprio. Observe tudo o que a pessoa faz e tudo aquilo que confirme suas conclusões; esteja atento para não negligenciar nenhuma evidência conflitante. **Observar atentamente aos outros pode lhe trazer pistas sobre você mesmo.**

Se você é capaz de ver um ente querido através da lente de um rótulo negativo, isso pode ajudá-lo a procurar ativamente coisas que essa pessoa faz para mudar ou o simples ato dela pode lhe trazer informações que são úteis ao seu próprio comportamento. As listas podem ser utilizadas para produzir uma imagem mais ampla, mais equilibrada sobre os outros. Pense, por exemplo, em manter um diário de gratidão; se você se encontra estreitamente sintonizado com o que há de errado com sua vida, ao fazer uma lista das coisas boas você amplia, e muito, a sua perspectiva sobre o lado bom da vida.

Defina um tempo para deixar sua mente vagar

Em vez de limitar o seu devaneio para aqueles poucos momentos entre os Pomodoros, encontre momentos ao longo do dia em que você possa deliberadamente dar sua permissão ao seu cérebro para passear à vontade. Alguns grandes pensadores e líderes criaram o hábito de reservar pedaços de seus dias em que eles não faziam nada além de deixar suas mentes divagarem livremente. Além de reservar um tempo específico em sua programação para a mente ficar livre, dê permissão para que seu cérebro passeie enquanto você está realizando atividades de baixa cognição, como limpeza, passeio com o cachorro ou banho. Um pouco de estímulo habitual parece realmente libertar a mente para que ela receba inspiração. Se você está preso em um problema, em vez de ficar sentado tentando encontrar a solução dentro de seu crânio, faça uma pausa e a resposta pode muito bem vir a você no chuveiro.

"Você pode se motivar pelo medo ou você pode se motivar pela recompensa. Mas as duas maneiras são apenas temporárias. A única coisa duradoura é a automotivação."

Homer Rice

Conclusão

Se você quiser ganhar a guerra contra a distração e construir um império de progresso pessoal, você precisa ser o comandante supremo que sabe, como ninguém, utilizar melhor suas unidades. Às vezes você quer enviar um tipo de atenção para a linha de frente, e às vezes você deseja enviar outra para longe da batalha, para um descanso. Por habilmente manobrar seus recursos e implantar de forma eficaz as suas tropas, você pode aproveitar ao máximo a sua inestimável atenção. Foco único pode ser apenas um elemento da sua atenção, mas ainda assim ele é vital. Esteja atento a todas estas dicas e pratique sempre que puder. Dominar sua atenção é uma arte que só você pode guiar; entenda suas limitações e supra-as a cada dia, não se dê por vencido, encare todas as batalhas de frente e você verá que é capaz de se concentrar cada vez mais e melhor sob todos os aspectos de sua vida.

10 CONSELHOS DE PODER & CONCENTRAÇÃO

1 Procure ter sempre uma boa noite de sono. Quanto mais você trabalhar, mais trabalho aparecerá. Respeite seus limites e descanse.

2 Mude o foco. Sempre que puder, olhe para paisagens ou quadros distantes de você, assim sua vista é obrigada a exercitar músculos diferentes. Se não tiver janelas em seu ambiente de trabalho, mexa-se um pouco, mude de posição, sinta os dedos dos pés.

3 Medite por pelo menos dez minutos todos os dias.

4 Sempre que sua mente se desviar da atividade que você escolheu para realizar, repita para si mesmo: estou aqui, agora!

5 Aplique o Método Pomodoro em todas as suas atividades.

6 Deixe sempre um papel e uma caneta ao alcance das mãos e anote as tarefas de que se lembrar durante os momentos em que deve estar absolutamente focado.

7 Evite distrações desnecessárias.

8 Planeje sempre os seus dias e, se possível, sua semana.

9 Deixe um tempo reservado em sua agenda para as atividades de lazer.

10 Mantenha-se otimista e relaxado!

DIRETORIA: Jorge Carneiro e Rogério Ventura; **Diretor Editorial:** Henrique Ramos; **REDAÇÃO: Editor-chefe:** Daniel Stycer; **Editores:** Eliana Rinaldi, Renata Meirelles e Thomas Nieto; **Equipe Editorial:** Maria José Batista, Adriana Cruz, Sandra Ribeiro, Débora Justiniano, Hugo Wyler Filho, Juliana Borges, Lívia Barbosa, Verônica Bareicha, Daniela Mesquita, Dalva Corrêa, Maria Flavia dos Reis e Jefferson Peres; **ARTE:** Leo Fróes, Raquel Soares, Franconero Eleutério, Julio Lapenne, Laércio Costa, Jefferson Gomes, Talitha Magalhães e Raphael Bellem; **Edição e Tratamento de Imagem:** Luciano Urbano, Reinaldo Pires e Cristian Barboza; **Diagramação:** Maria Clara Rodrigues e Evandro Matoso; **Produção Gráfica:** Jorge Silva; **Tecnologia da Informação:** Márcio Marques; **Marketing:** Bernadette Caldas (gerente), Cássia Nascimento, Patrícia Reis, Everson Chaves, Luiza Martins e Jully Anne Costa; **Controle:** William Cardoso e Clayton Moura; **Circulação:** Luciana Pereira, Sara Martins, Wagner Cabral e Alexander Lima; **EDIOURO PUBLICAÇÕES DE PASSATEMPOS E MULTIMÍDIA LTDA.** Rua Nova Jerusalém, 345, CEP 21042-235 – Rio de Janeiro, RJ. Tel.: (0XX21) 3882-8200, Fax: (0XX21) 2290-7185; **Distribuição:** DINAP Ltda. – Estr. Dr. Kenkiti Shimomoto, 1678 – Jardim Conceição, Osasco, SP. Tel.: PABX (0XX11) 3789-3000.

PROJETO E REALIZAÇÃO
CRIATIVO
MERCADO EDITORIAL

PUBLISHER
Carlos Rodrigues
DIRETORA FINANCEIRA
Esilene Lopes de Lima
AUTORA
Carol Pimentel
DIREÇÃO DE ARTE
Marcelo Almeida
EDITOR
René Ferri